# BEI GRIN MACHT SICH IHR WISSEN BEZAHLT

AF167983

- Wir veröffentlichen Ihre Hausarbeit,
  Bachelor- und Masterarbeit

- Ihr eigenes eBook und Buch -
  weltweit in allen wichtigen Shops

- Verdienen Sie an jedem Verkauf

## Jetzt bei www.GRIN.com hochladen und kostenlos publizieren

**Bibliografische Information der Deutschen Nationalbibliothek:**

Die Deutsche Bibliothek verzeichnet diese Publikation in der Deutschen National-bibliografie; detaillierte bibliografische Daten sind im Internet über http://dnb.d-nb.de/ abrufbar.

**Impressum:**

Copyright © 2017 GRIN Verlag
Druck und Bindung: Books on Demand GmbH, Norderstedt Germany
ISBN: 9783346097309

**Dieses Buch bei GRIN:**

https://www.grin.com/document/507056

Schoppus

# Krafttestung und Trainingsplan zum Muskelaufbau, Kraftzuwachs, bessere Kraftausdauer der Muskulatur eines jungen Mannes

**Trainingslehre 1**

GRIN Verlag

Deutsche Hochschule für

Prävention und Gesundheitsmanagement

Hermann Neuberger Sportschule 3

66123 Saarbrücken

# Einsendeaufgabe

| | |
|---|---|
| **Fachmodul:** | Trainingslehre I |
| **Studiengang:** | Bachelor of Arts Gesundheitsmanagement (BGM) |
| **Datum Präsenzphase:** | 29.05.-01.06.2017 |
| **Studienort:** | **Hamburg** |
| **Semester:** | **WS 2016** |

# Inhaltsverzeichnis

# 1 Lösung Aufgabe 1 – Diagnose

Aufgabe 1 besteht aus Teilaufgabe 1.1 und Teilaufgabe 1.2. Aufgabe 1.1 behandelt die Diagnose des Sportlers, die vor jedem Trainingsanfang stattfinden sollte. Teilaufgabe 1.2 behandelt die Krafttestung, die die Basis für die weitere Trainingsplanung darstellt.

## 1.1 Lösung Teilaufgabe 1.1 – Allgemeine und biometrische Daten

Tabelle 1 - Allgemeine Daten des Sportlers (eigene Darstellung)

| Alter | 21 Jahre |
|---|---|
| Geschlecht | Männlich |
| Körpergröße | 193 cm |
| Körpergewicht | 78,5 Kg |
| Trainingsmotive | Muskelaufbau, Kraftzuwachs, bessere Kraftausdauer der Muskulatur |
| Berufliche Tätigkeit | Duales Studium – Gesundheitsmanagement, Praktischer Teil in einem gesundheitsbetonten Fitnessstudio |
| Aktuelle sportliche Aktivitäten | Krafttraining 3-4x die Woche, seit 2 Jahren → geübter Kraftsportler |
| Frühere sportliche Aktivitäten | Fußball bis 2015, insgesamt 15 Jahre lang, bis in die Bezirksliga; 2x Training + 1x Spiel pro Woche → Fortgeschritten |
| Zeitlicher Verfügungsrahmen | 3-4 Einheiten pro Woche; Uhrzeit egal, Hauptsache am Abend |

Tabelle 2 - Biometrische Daten des Sportlers (eigene Darstellung)

| Blutdruck | 101 Systolisch, 72 Diastolisch → optimaler Blutdruck (siehe Tabelle 3) |
|---|---|
| Internistische Probleme | keine |
| Ärztliche Behandlungen | keine |
| Einzunehmende Medikamente | keine |
| Sonstige gesundheitl. Einschränkungen | keine |

Tabelle 3 - Blutdruckklassifikation der American Heart Association (modifiziert nach Mancia et al., 2013, S. 1286)

| Bewertungs- stufen | systolischer Blutdruck | diastolischer Blutdruck |
|---|---|---|
| **Normblutdruck (Normotonie)** | | |
| optimal | unter 120 mmHg | unter 80 mmHg |
| normal | unter 130 mmHg | unter 85 mmHg |
| hochnormal | 130-139 mmHg | 85-89 mmHg |
| **Bluthochdruck (arterielle Hypertonie)** | | |
| Stufe 1 | 140-159 mmHg | 90-99 mmHg |
| Stufe 2 | 160-179 mmHg | 100-109 mmHg |
| Stufe 3 | > 180 mmHg | > 110 mmHg |

**Belastbarkeit und Trainierbarkeit:**

Anhand der oben erhobenen Daten zur Person, lässt sich festhalten, dass die Person voll belast- und trainierbar ist. Es sind keine gesundheitlichen Einschränkungen bekannt und die Person ist bereits seit längerer Zeit bis hin in die Gegenwart sportlich aktiv.

## 1.2 Lösung Teilaufgabe 1.2 – Krafttestung - Maximalwiederholungskrafttest (X-RM)

**Begründung des Testverfahrens:**

Ich werde mit der Person einen 10-RM-Test durchführen. Der Test ist geeignet, da die Person bereits einige sportliche Vorerfahrungen sammeln konnte und auch schon im Bereich des Krafttrainings Erfahrungen gesammelt hat. Die Person hat genügend sportliche Vorerfahrungen, um nach seinem eigenen subjektiven Belastungsempfinden zu beurteilen, ob noch eine bis einige weitere Wiederholungen möglichen wären oder nicht. Außerdem verfügt sie über ausreichende koordinative Fähigkeiten, um die Übungen bzw. die Bewegungen dieser, korrekt auszuführen, so dass die Ergebnisse am Ende auch aussagekräftig sind.

**Testablauf:**

Bevor der Test startet ist es unerlässlich, sich vernünftig aufzuwärmen. Sowohl allgemein, mittels Ergometer, Laufband etc., wie auch speziell, mittels Aufwärmsätzen, vor jeder Übung. Das allgemeine Aufwärmen sollte je nach Empfinden zwischen 5-15 Minuten dauern, das spezielle Aufwärmen sollte drei Aufwärmsätze mit steigender Intensität umfassen. Nach den Aufwärmsätzen folgt der eigentliche Test. Der Test besteht aus maximal drei Testsätzen. Im ersten Testsatz wählen wir ein Gewicht, dass nach Einschätzung des Sportlers, maximal 10x, in korrekter Ausführung, bewegt werden kann. Nach Beendigung des ersten Testsatzes, bewertet der Sportler subjektiv, wie er das Gewicht empfunden hat. Wären noch weitere Wiederholungen möglich, erhöhen wir das Gewicht, je nach eigener Einschätzung um 5, 10 oder 25% (nach Zimmer, 1999, S. 45-47). Ist das Gewicht nach dem zweiten Testsatz immer noch zu leicht, erhöhen wir es nach gleicher Methodik erneut. Nach jedem absolvierten Testsatz werden drei Minuten Pause gemacht. Das korrekte 10-RM Gewicht wurde erreicht, wenn die letzte Wiederholung nur noch gerade so gemeistert werden kann. Spätestens nach dem dritten Testsatz sollte das 10-RM Gewicht jedoch ermittelt worden sein, um ein aussagekräftiges Ergebnis zu liefern.

Die folgende Tabelle zeigt die Testergebnisse des Sportlers, der zuvor festgelegten Übungen:

Tabelle 4 - Ausgewählte Krafttrainingsübungen des Sportlers (eigene Darstellung)

| Übung | 1. Satz | 2. Satz | 3. Satz | Testendergebnis |
|-------|---------|---------|---------|-----------------|
| Bankdrücken, Flachbank, Langhantel | 50 Kg | 55 Kg | - | 55 Kg |
| Kniebeuge, Langhantel | 60 Kg | 65 Kg | 67,5 Kg | 67,5 Kg |
| Kreuzheben, Langhantel | 60 Kg | 65 Kg | 70 Kg | 70 Kg |
| Schulterdrücken, Langhantel | 20 Kg | 25 Kg | - | 25 Kg |
| „Bicepscurl", Langhantel | 20 Kg | 22,5 Kg | 25 Kg | 25 Kg |

**Konsequenzen für die weitere Trainingssteuerung und –planung:**

**Möglichkeit des Norm- bzw. Referenzwertvergleichs:**

Ist nicht gegeben, da zu viele Einfluss- und Störfaktoren beim Bestimmen des 10-RM mitwirken. Standardisierte Normwerte zu ermitteln, erfordert deshalb einen zu großen logistischen Aufwand.

**Möglichkeit der Dokumentation der Leistungsentwicklung:**

Ist gegeben, soweit es eine ausreichende Standardisierung und eine ausreichende Kontrolle, unter anderem für die Störgrößen, gibt. Es ist also ratsam, die Leistungsentwicklung immer mit dem gleichen Trainer, Trainingspartner etc. durchzuführen und zu dokumentieren.

**Möglichkeit der Ableitung von Intensitäten:**

Ist gegeben, ist jedoch nicht sehr weit verbreitet. Die am weitest verbreitende Trainingsmethode nach der X-RM-Methode, ist die ILB-Methode.

# 2 Lösung Aufgabe 2 – Zielsetzung/Prognose

Tabelle 5 - Ziele des Sportlers (eigene Darstellung)

| Ziel | Ausmaß | Zeitrahmen |
|------|--------|------------|
| Muskelaufbau | 1-1,5 Kg | 12 Wochen |
| Maximalkraft steigern | 5-10% in ausgewählten Grundübungen | 6 Wochen |
| muskuläre Kraftausdauer verbessern | + 5-10 Wiederholungen im Kraftausdauertest nach Spring | 8 Wochen |

**Ziel – Muskelaufbau:**

Dieses Ziel wurde formuliert, da der Sportler als eines seiner Trainingsmotive „Muskelaufbau" genannt hat. Das Ziel wurde so formuliert, dass es realistisch ist. Der Sportler befindet sich im zweiten Jahr seiner Kraftsportkarriere, weshalb ein Muskelmassezuwachs von 300-500g pro Monat durchaus realisierbar ist. Der Zeitraum von 12 Wochen ist also ausreichend, um das Ziel zu erreichen.

**Ziel – Maximalkraft steigern:**

Dieses Ziel wurde ebenfalls aufgrund der Wünsche des Sportlers konzipiert. Es wurden 6 Wochen für dieses Ziel eingeplant, viel länger ist ein Maximalkrafttraining bei dem

Leistungsstand des Sportlers nicht möglich. Das Ziel wird als letztes im Makrozyklus angegangen, damit durch die vorherigen Mesozyklen bereits adaptive Anpassungen des Körpers stattgefunden haben. Dadurch wird das Verletzungsrisiko verringert und die Chance, das Ziel zu erreichen deutlich erhöht. Der Zeitraum von 6 Wochen sollte zu dem ausreichend sein, da der Sportler bisher erst knapp 2 Jahre Krafttraining absolviert hat.

**Ziel – Muskuläre Kraftausdauer verbessern**

Der Sportler äußerte im Diagnosegespräch, dass er gerne seine Kraftausdauer verbessern würde, da er vor allem bei funktionsgymnastischen Übungen schnell eine Erschöpfung festgestellt hat. Für das Erreichen dieses Zieles wurden acht Wochen eingeplant. Die Zeit hierfür wurde etwas höher als die des Maximalkrafttrainings angesetzt, da die Belastung auf die passiven Bewegungsstrukturen und vor allem auf Bänder und Gelenke, deutlich geringer ist. Außerdem dient die etwas längere Kraftausdauerperiode am Anfang des Makrozyklus als eine Art Eingewöhnungsphase. Des Weiteren hat der Sportler bisher noch kein Kraftausdauertraining absolviert, weshalb es ebenfalls sinnvoll ist, dieses Training am Anfang etwas länger zu fokussieren. Positive Einflüsse auf die Phase des Muskelaufbaus kann ein solches Training ebenso haben.

# 3  Lösung Aufgabe 3 – Trainingsplanung Makrozyklus

| | KRAFTAUSDAUERTRAINING | MUSKELAUFBAUTRAINING, extensiv | MUSKELAUFBAUTRAINING, intensiv | MAXIMALKRAFTTRAINING, extensiv |
|---|---|---|---|---|
| Mesozyklusdauer | 8 Wochen | 6 Wochen | 6 Wochen | 6 Wochen |
| Einheiten pro Woche | 3 | 4 | 4 | 3 |
| Organisationsform | Ganzkörper, Station | 2er Split/GK, Station | 2er Split/GK, Station | Ganzkörper, Station |
| Übungen/Muskelgruppe | 1-2 | 1-2 | 1-2 | 1-2 |
| Sätze/Übung | 3 | 3 | 3 | 3 |
| Wiederholungen pro Satz | 15 | 10 | 8 | 5 |
| Intensität | 70-90% ILB | 70-90% ILB | 70-90% ILB | 70-90% ILB |
| Satzpausen | 30-60 Sekunden | 90-120 Sekunden | 90-120 Sekunden | <120 Sekunden |

Abbildung 1 - Makrozyklus des Sportlers (eigene Darstellung aus Excel importiert)

**Begründung der Wahl der übergeordneten Trainingsmethode im Hinblick auf die Gesundheits- und Leistungsvoraussetzung der Person:**

Es wurde die übergeordnete Trainingsmethode X-RM und die darauf basierende ILB-Methode verwendet, da diese Methode gut auf das Krafttraining im freizeitlichen Fitness- und Gesundheitssport übertragbar ist. Außerdem bietet die ILB-Methode für jeden Leistungsgrad vordefinierte Richtwerte, so dass diese Methode auch bei dieser Person, mit fortschrittlicher Erfahrung im Bereich des Kraftsports, Verwendung findet. Zudem ist die Person, auf Grund ihres Leistungsstandes, in der Lage, die Belastung subjektiv so zu bewerten, dass am Ende im Training eine ausreichende Belastung erzielt wird.

**Begründung der Belastungsparameter:**

**Einheiten/Woche:**

Die Zahl der Einheiten wurde auf 3, maximal 4 Einheiten festgelegt, da die Person als Zeitpensum 3-4 Tage pro Woche angegeben hat. In den Mesozyklen des Muskelaufbaus wurden die Einheiten auf 4 festgelegt, da dort ein 2er Split mit 2 Ganzkörpereinheiten pro Woche kombiniert wird.

**Übungen/Muskelgruppe:**

Die 1-2 Übungen pro Muskelgruppe wurden so gewählt, da der Sportler nach einem Ganzkörperplan trainiert. Bei mehr Übungen pro Muskelgruppe würde das Training zu lange dauern, was eine ungünstige Hormonlage fördern würde. Außerdem reichen 2 Übungen für große Muskelgruppen und 1 Übung für kleinere vollkommen aus.

**Sätze/Übung:**

Es wurden einheitlich 3 Sätze pro Übung gewählt, damit das Trainingsvolumen, trotz der etwas niedrigeren Anzahl an Übungen pro Muskelgruppe, trotzdem angemessen und dem Leistungsstand des Sportlers entsprechend gestaltet ist.

**Intensität:**

Die Intensität wurde nach dem Grobraster zur Trainingsplanung nach der ILB-Methode bestimmt. 70-90% entsprechen dabei dem Status „Fortgeschrittener". Nach Güllich und Schmidtbleicher (1999, S. 226) müssen Trainingsintensitäten im Krafttraining mindestens 50 % der individuellen Maximalkraft betragen, um überhaupt nennenswerte Effekte auszulösen. Deshalb sind 70-90% bei diesem Sportler angemessen. Die 70-90% beziehen sich auf das Gewicht, das mit der festgelegten Wiederholungszahl eines jeden Mesozyklus, maximal bewegt werden soll (Eifler, 2000 S.73). Nach jedem Mesozyklus wird also erneut ein X-RM Test gemacht, um die Intensität auf die neue Wiederholungszahl abzustimmen.

**Begründung der Organisationsform:**

Als Organisationsform wurde das Stationstraining gewählt, da der Sportler bereits vorher ein Stationstraining durchgeführt hat. Außerdem hat der Sportler jeden Tag den gleichen zeitlichen Verfügungsrahmen, so dass er es zeitlich geregelt bekommt, ein Stationstraining durchzuführen. Des Weiteren kann er als fortschrittlicher Kraftsportler eingestuft werden, weshalb es gerade wegen seines Trainingsziels, Muskeln aufzubauen, Sinn macht, eine größere Ermüdung der Muskulatur zu erlangen, um einen optimalen Reiz für den Aufbau der Muskelmasse herbeizuführen.

**Begründung der Periodisierung:**

Die Periodisierung wurde so gewählt, damit der Sportler sich am Anfang des Makrozyklus auf sein Ziel „Verbesserung der Kraftausdauer" konzentrieren kann, bevor er mit dem Muskelaufbau und der Steigerung der Maximalkraft beginnt. Dies macht Sinn, da er sich so durch die geringere Belastung der Muskulatur stärker auf die korrekte Ausführung konzentrieren kann. Diese ist nämlich vor allem für die stärkeren Belastungen, zum Ende des Makrozyklus hin, wichtig. Der Mesozyklus „Kraftausdauer" wurde deshalb zwei Wochen länger als die anderen Mesozyklen geplant, weil der Sportler, nach eigenen Aussagen, bisher wenig Wert auf Kraftausdauertraining gelegt hat. Für das Ziel „Muskelaufbau" wurden zwei Mesozyklen eingeplant, damit die Belastungen progressiv gesteigert werden können. So ist das Risiko für Überlastungen geringer und der Organismus hat Zeit, sich langsam an die Belastungen zu gewöhnen. Am Ende des Makrozyklus wird das Ziel „Maximalkraft steigern" angegangen. Durch die Staffelung von Kraftausdauertraining, bis hin zum Maximalkrafttraining, gestaltet sich das Training den kompletten Makrozyklus entlang so, dass die Belastungen progressiv zunehmen. Dadurch ist einerseits eine dauerhafte Neureizung der Muskulatur gewährleistet und andererseits bleibt das Training nicht eintönig für den Sportler, was sich positiv auf die Motivation auswirken kann.

# 4   Lösung   Aufgabe   4   –   Trainingsplanung   Mesozyklus

| KRAFTAUSDAUERTRAINING | | | | | | | | |
|---|---|---|---|---|---|---|---|---|
| Aspekte des Mesozyklus | Woche 1 | Woche 2 | Woche 3 | Woche 4 | Woche 5 | Woche 6 | Woche 7 | Woche 8 |
| Trainingseinheiten pro Woche | 3 | 3 | 3 | 3 | 3 | 3 | 3 | 3 |
| Organisationsform | GK, Station | GK, Station | GK, Station | GK, Station | GK, Station | GK, Station | GK, Station | GK, Station |
| Übungen pro Muskelgruppe | 1-2 | 1-2 | 1-2 | 1-2 | 1-2 | 1-2 | 1-2 | 1-2 |
| Sätze pro Übung | 3 | 3 | 3 | 3 | 3 | 3 | 3 | 3 |
| Satzpausen | 60s | 60s | 50s | 50s | 40s | 40s | 30s | 30s |
| Wiederholungszahl | 15 | 15 | 15 | 15 | 15 | 15 | 15 | 15 |
| Intensität | 70% ILB | 70% ILB | 75% ILB | 80% ILB | 80% ILB | 85% ILB | 85% ILB | 90% ILB |
| Bewegungstempo | langsam bis zügig | langsam bis zügig | langsam bis zügig | langsam bis zügig | langsam bis zügig | langsam bis zügig | langsam bis zügig | langsam bis zügig |

Abbildung 2 - Mesozyklus des Sportlers (eigene Darstellung, aus Excel importiert)


Die folgende Tabelle zeigt die Krafttrainingsübungen des obigen Mesozyklus:

Tabelle 6 - Krafttrainingsübungen des ausgewählten Mesozyklus des Sportlers (eigene Darstellung)

| |
|---|
| Langhantel Kniebeugen |
| Langhantel Ausfallschritte |
| Latzug vertikal, Seilzug, breiter Griff |
| Rudern, Seilzug, enger Griff |
| Flachbankdrücken, Langhantel |
| Millitary Press, Langhantel |
| Seitheben, Seilzug, normaler Griff |
| Crunches, Flachbank, Kurzhantel |

**Begründung des übergeordneten Konzeptes der Übungsauswahl:**

Es wird nun etwas genauer auf das übergeordnete Konzept der Übungsauswahl eingegangen. Der Kraftsportler hat bereits rund zwei Jahre Kraftsporterfahrung. Er hat nach eigenen Angaben bisher hauptsächlich ein Krafttraining an Maschinen durchgeführt. Deswegen hat er den Wunsch geäußert, nun eher auf Freihantelübungen bzw. auch auf komplexere Übungen umzusteigen. In der Eingewöhnungsphase hat er bereits die groben Bewegungsabläufe kennengelernt, außerdem hat er bereits die letzten paar Monate, bevor er sich entschlossen hat, ein strukturierteres Training anzugehen, einige Freihantelübungen ausprobiert.

Generell wurde ein Freihanteltraining aber gewählt, um nach seiner zweijährigen Kraftsporthistorie, die koordinative Ebene stärker zu schulen und generell seine Kraft durch sogenannte „Grundübungen" zu stärken, wie es auch eines seiner Trainingsziele ist. Der Fokus bei seinem Training liegt auf keiner bestimmten Muskelgruppe. Der Sportler hat keine Einschränkungen oder groben Defizite. Sein Wunsch des Muskelaufbaus bezieht sich auf den ganzen Körper, deshalb wird natürlich auch der ganze Körper trainiert. Außerdem liegt der Fokus auf eher mehrgelenkigen, komplexen Übungen, bei denen viel Muskelmasse gleichzeitig beansprucht wird, um das Trainingsvolumen kompakt zu halten und zu gewährleisten, dass das Training nach ca. einer Stunde beendet ist, um eine günstige hormonelle Ausgangsposition des Körpers nach dem Training zu ermöglichen. Laut Haff (2000) ist außerdem der metabolische Effekt, durch das aktivieren größerer Muskelmasseanteile, bei komplexen Freihantelübungen größer, als z.B. bei isolierten Maschinenübungen. Aus diesem Grund wurde auch auf Isolationsübungen unter anderem für den M. biceps brachii oder den M. triceps brachii verzichtet. Durch die mehrgelenkigen Freihantelübungen wird ebenfalls erreicht, dass die intramuskuläre Koordination gestärkt wird, was ebenso einen Einfluss auf den Kraftzuwachs hat, wie das vergrößern des Muskelquerschnitts (vgl. Stone, Collins, Plisk, Haff & Stone, 2000).

# Begründung der einzelnen Krafttrainingsübungen des Mesozyklus:

Tabelle 7 - Begründung der Übungen des ausgewählten Mesozyklus (eigene Darstellung)

| Übung | Begründung |
| --- | --- |
| Langhantel Kniebeugen | Ein Großteil der Oberschenkel und Hüftmuskulatur wird dynamisch beansprucht. Außerdem wird die Rumpfmuskulatur statisch beansprucht. Durch die Übung gewinnt der Sportler an Koordination, seine Autostabilisation wird gestärkt und es wird ein großer Teil der Muskelmasse des Unterkörpers beansprucht. Es wurden Langhantel Kniebeugen als Beinübung gewählt, da der Sportler bereits fortgeschritten ist und koordinativ schwerere Übungen bislang eher außenvorgelassen hat. |
| Langhantel Ausfallschritte | Genau wie die LH-Kniebeugen, beanspruchen die LH-Ausfallschritte einen großen Teil der Oberschenkelmuskulatur. Bei den Ausfallschritten wird der große Gesäßmuskel jedoch noch etwas stärker beansprucht, so dass ein gutes Gleichgewicht in der Beanspruchung zwischen Knie- und Hüftstreckmuskulatur herrscht. Die Übung wurde ebenfalls wegen ihrer koordinativen Eigenschaften gewählt. |
| Latzug vertikal | Der Latzug vertikal dient der Stärkung des großen Rückenmuskels. Außerdem wird der untere Teil des Trapezmuskels und der M. biceps brachii beansprucht. Es wurde der Latzug den normalen Klimmzügen vorgezogen, da der Sportler bei den Klimmzügen noch einige Schwierigkeiten hat. Am Latzug kann man das Gewicht dann so wählen, dass der Sportler weniger als sein Körpergewicht bewegen muss. |
| Rudern eng | Das enge Rudern am Seilzug dient ebenfalls der Stärkung des großen Rückenmuskels, nur aus einer anderen Position. Außerdem arbeitet man bei dieser Übung sehr gut in die Tiefe der Rückenmuskulatur, unter anderem in den mittleren Anteil des Trapezmuskels. Der M. biceps brachii wird auch bei dieser Übung mitbelastet. Die Übung wurde gewählt, da man hier sehr viel Gewicht bewegen kann, was erstens die Motivation des Sportlers steigert und zweitens einem Kraftzuwachs positiv entgegenwirkt. Zusätzlich wird auch hier ein großer Muskelmasseanteil aktiviert. |
| Langhantel Flachbankdrücken | Das LH-Flachbankdrücken dient der Stärkung des großen Brustmuskels, außerdem wird, je nach Griffbreite, der vordere Anteil des Deltamuskels mehr oder weniger stark mitbelastet. Die Armstreckmuskulatur bewirkt bei dieser Übung die Streckung des Ellenbogengelenks, aber auch hier entscheidet die Griffbreite über die Stärke der Beanspruchung. Diese |

| | |
|---|---|
| | Übung wurde gewählt, da sie, im Gegensatz zu Maschinen, eine sehr große koordinative Komponente aufweist. Der Sportler muss bei der Übung eine gute Körperspannung aufweisen. Das Bankdrücken ist außerdem eine Übung bei der man sehr schnell viel Gewicht bewegen kann, da die Verbesserung der intramuskulären Koordination hier schnell zu Kraftzuwächsen führen kann. |
| Langhantel Military Press | Das LH-Schulterdrücken im engen Stand (Military Press) ist ebenfalls wie das LH-Bankdrücken sehr gut geeignet um viel Kraft aufzubauen. Bei der Übung wird hauptsächlich der vordere Anteil des Deltamuskels beansprucht, aber auch der obere Teil der Brustmuskulatur. Die Armstreckmuskulatur bewirkt hier wieder die Streckung des Ellenbogengelenks. Ein großer Nutzen bei dieser Übung ist die starke Komponente der Autostabilisation. Der Sportler muss bei dieser Übung durchgehend Spannung im Rumpfbereich halten, um nicht vor oder zurück zu kippen. Es wurde das Schulterdrücken im Stand gewählt, da hier die intramuskuläre Koordination, im Gegensatz zu geführten Übungen, gestärkt wird. |
| Seitheben am Seilzug | Das Seitheben am Seilzug dient dem isolierten Training des mittleren Anteils des Deltamuskels. Der Nutzen für den Sportler dabei ist es, eine schöne runde Schulter aufzubauen. Es wurde diese Übung als Isolationsübung mit in den Trainingsplan aufgenommen, da der mittlere Anteil bei den anderen Übungen, im Gegensatz zu dem vorderen und hinteren Anteil, nicht mitbeansprucht wird. Das Seitheben am Seilzug hat den Vorteil, im Gegensatz zum Kurzhantelseitheben, dass die Last, proportional zum Lastarm, zu- und wieder abnimmt. |
| Crunches mit Zusatzgewicht | Crunches, mit oder ohne Zusatzgewicht, dient dem isolierten Training der mittleren Bauchmuskulatur. Die seitlichen Bauchmuskeln, arbeiten jedoch ebenfalls mit. Der Sportler hat durch das Zusatzgewicht die Möglichkeit, die Bauchmuskeln im gewünschten Wiederholungsbereich zu trainieren. Die Crunches wurden als Übung gewählt, da es eine recht funktionelle Bewegung ist, die sich gut auf den Alltag übertragen lässt. Außerdem ist die Übung effektiv und gut spürbar in der Muskulatur. Der Sportler merkt bei dieser Übung sehr gut, was er getan hat. |

# 5 Lösung Aufgabe 5 – Literaturrecherche zu: Effekte des Krafttrainings bei Diabetes mellitus Typ 2

Im Folgenden werden zwei Studien zu den Effekten eines Krafttrainings bei Diabetes mellitus Typ 2 vorgestellt.

Tabelle 8 - Zusammenfassung der HARD-D Studie (eigene Darstellung). Effects of Aerobic and Resitance Training on Hemoglobin A1c Levels in Patients With Typ 2 Diabetes (Timothy S. Church et al., 2010)

| Wer hat die Studie durchgeführt? | Dr. Timothy S. Church et al. im Auftrag des US-amerikanischen Ärzteblatts |
|---|---|
| Jahr der Publikation | 2010 |
| Versuchspersonen der Studie | 262 Typ-2 Diabetiker mit einem eher sitzenden Lebensstil und HbA1c Werten über 6,5% und höher |
| Versuchsaufbau der Studie | Die 262 Probanden wurden in insgesamt vier Gruppen aufgeteilt. Der Kontrollgruppe (41 Personen), die ihren normalen Lebensstil fortführt, der Widerstandstrainingsgruppe (73 Personen, 3 Trainingseinheiten pro Woche), der Ausdauertrainingsgruppe (72 Personen, Training bis 12 kcal/kg pro Woche verbraucht wurden) und der Gruppe, die Ausdauer- und Widerstandstraining kombiniert (76 Personen, 10 kcal/kg pro Woche und 2x Widerstandstraining pro Woche). Das Trainingsprogramm wurde insgesamt 9 Monate durchgeführt, HbA1c Werte wurden vorher und hinterher bestimmt. |
| | |
| Relevante Ergebnisse und Schlussfolgerungen | • 63% der Probanden waren Frauen und 47,3% waren „nicht-weiße" Teilnehmer. Das Durchschnittsalter betrug 55,8 Jahre und der HbA1c Durchschnittswert lag bei 7,7%. Die HbA1c Werte haben sich wie folgt verändert: - -0,34% (-0,64 bis -0,03%) bei der kombinierten Gruppe - -0,16% (-0,46 bis 0,15%) bei der Widerstandstrainingsgruppe - -0,24% (-0,55 bis 0,07) bei der Ausdauertrainingsgruppe<br><br>• Bei der kombinierten Gruppe hat sich außerdem die maximale Sauerstoffaufnahme um 1,0ml/kg verbessert<br>• Alle Gruppen konnten Körperfettverluste zwischen 0,7-2,3 |

| | Kg im Vergleich zur Kontrollgruppe feststellen |
|---|---|
| | |

Tabelle 9 - Zusammenfassung der DARE-Studie (eigene Darstellung). Effects of Aerobic Training, Resistance Training, or Both on Glycemic Control in Type 2 Diabetes: A Randomized Trial (Ronald J. Sigal et al.,2007)

| Wer hat die Studie durchgeführt? | Ronald J. Sigal et al. im Auftrag des „American College of Physicians". Insgesamt haben acht gemeinschaftsbasierte Einrichtungen an der Studie teilgenommen |
|---|---|
| Jahr der Publikation | 2007 |
| Versuchspersonen der Studie | 251 Erwachsene im Alter von 39 bis 70 Jahre mit Diabetes mellitus Typ 2 |
| Versuchsaufbau der Studie | Insgesamt gibt es vier Personengruppen bei dieser Studie. Eine Kontrollgruppe, die ihren Alltag normal fortführen und sich wenig bewegen, eine Ausdauertrainingsgruppe, eine Widerstandstrainingsgruppe und eine kombinierte Gruppe, die Ausdauer- und Widerstandstraining absolviert hat. Zusätzlich wurden die Probanden unter eine Diät gesetzt, welche sie den kompletten Zeitraum der Studie, von 22 Wochen, durchführten. Vor den 22 Wochen der Studie wurde noch eine vierwöchige Testphase durchgeführt, in der die Probanden durch einen Kardiologen getestet wurden und einem Stresstest unterzogen wurden. |
| Relevante Ergebnisse und Schlussfolgerungen | Durch das Training (plus Diät) wurden deutliche Absenkungen des HbA1c festgestellt (Durchschnittswerte): <br> - beim Ausdauertraining minus 0,51% <br> - beim Krafttraining minus 0,38% <br> - beim kombinierten Training minus 0,97% <br> Außerdem wurden andere positive Veränderungen festgestellt, u. a. bezüglich der Blutfettwerte und der Blutdruckwerte |

# 6 Literaturverzeichnis

Eifler, C. (2000). Krafttraining nach der ILB-Methode – Eine empirische Überprüfung der Trainingseffekte bei Anfängern und Fortgeschrittenen. Diplomarbeit, Universität des Saarlandes. Saarbrücken.

Güllich, A. & Schmidtbleicher, D. (1999). Struktur der Kraftfähigkeiten und ihrer Trainingsmethoden. Deutsche Zeitschrift für Sportmedizin, 50 (7/8), 223-234.

Haff, G. G. (2000). Roundtable discussion: machines versus free weights. Strength and Conditioning Journal, 22 (6), 18-30.

Mancia, G., Fagard, R., Narkiewicz, K., Redòn, J., Zanchetti, A., Böhm, M. et al. (2013). 2013 ESH/ESC Guidelines for the management of arterial hypertension. The task force for the management of arterial hyperten- sion of the European Society of Hypertension (ESH) and of the Euro- pean Society of Cardiology (ESC). Journal of hypertension, 31 (7), 1281–1357.

Ronald J. Sigal et al. (2007). Effects of Aerobic Training, Resistance Training, or Both on Glycemic Control in Type 2 Diabetes. A Randomized Trial.
Abzurufen unter:
http://annals.org/aim/article/736439/effects-aerobic-training-resistance-training-both-glycemic-control-type-2

Stone, M. H., Collins, D., Plisk, S., Haff, G. G. & Stone, M. E. (2000). Training principles: evaluation of modes and methods of resistance training. Strength and Conditioning Journal, 22 (3), 65-76.

Timothy S. Church et al. (2010). Effects of Aerobic and Resistance Training on Hemoglobin A1c Levels in Patients With Type 2 Diabetes. A Randomized Controlled Trial. Abzurufen unter: http://jamanetwork.com/journals/jama/fullarticle/186960

# 7 Abbildungs- und Tabellenverzeichnis

## 7.1 Abbildungsverzeichnis

## 7.2 Tabellenverzeichnis